AF242687

I 27 n
20137

27

L n 20137.

L n 20137.

ÉLOGE DE VAUVENARGUES[1].

(Pendent opera interrupta.)
(VIRG.)

En 1745, l'Académie française était appelée à décerner le prix d'un concours sur ce texte de l'Écriture : *Dives et pauper obviârunt sibi*, le pauvre et le riche se sont rencontrés, sujet plein de difficultés de toutes sortes, où dix ans plus tard s'égarera la chimérique imagination de Rousseau. Au nombre des concurrents figurait un gentilhomme obscur, dont le nom devait bientôt briller du plus pur éclat. Son discours, où ne manquent ni les aperçus ingénieux, ni les vues élevées, ni les idées saines, mais où la science de la question fait trop défaut, ne fut pas jugé digne d'obtenir le prix. Ainsi débutait modestement un des hommes qui ont le plus honoré peut-être le dix-huitième siècle, quoiqu'il n'ait appartenu qu'à moitié au génie de son temps, et bien qu'il n'ait aussi profité qu'à moitié de son propre génie. Ce jeune écrivain sera un jour un de nos premiers moralistes. Ce candidat non couronné, l'Académie, après plus d'un siècle, proposera son éloge, et les lettres le compteront parmi leurs gloires.

Comment et sous quelles influences son talent s'est-il formé ? Par la réflexion solitaire au milieu du tumulte des garnisons et des camps, loin du siècle et de ses orages, à l'abri des illusions, des passions et des préjugés de l'époque. La guerre l'a tenu éloigné du monde et des salons. Il n'a pas connu Paris ; il n'y vint que tard, malade, pour y achever ses œuvres et y mourir. Représentons-nous au fond d'une province, à Aix, le

---

[1] On sait que cette année l'Académie française avait mis au concours l'Éloge de Vauvenargues. Nous sommes heureux de prêter notre publicité à cette étude, qui a attiré d'une façon particulière l'attention des juges du concours.

jeune Vauvenargues, d'abord élevé dans sa famille, puis au
collége, où une santé déjà chancelante lui interdit les fortes
études. Il est entré au service à dix-huit ans (1734). Il a fait
la guerre en Italie, puis en Allemagne ; il a participé avec hon-
neur aux périls de la glorieuse retraite de Prague. Son âme
courageuse, éprise de la gloire, et ouverte aux plus hautes
et aux plus nobles ambitions, s'est trempée dans ces rudes
épreuves. Sa pensée s'y est développée et s'y est mûrie. Mé-
lange unique de candeur et de gravité, tel il nous apparaît
alors, partagé entre les idées déjà sérieuses qui préoccupent
son esprit et ses inquiets désirs de renommée et de fortune.
Sur ce front pensif avant l'âge se peint toute l'ingénuité d'une
âme naïve. L'austérité de ce sage précoce n'a rien de farou-
che ; elle séduit comme une grâce ; elle impose sans offenser.
Ses camarades l'appelaient leur père ! A un âge où l'on réflé-
chit peu, il a déjà lu fort avant dans l'âme humaine. L'étude,
les lettres, ont rempli les courts loisirs que lui ont laissés les
armes. Né avec le goût de l'éloquence, il a appris à l'admirer
dans ses modèles les plus éclatants et les plus achevés. Toutefois les lettres ne suffirent jamais à Vauvenargues. L'action,
qui sera le grand mot de sa morale, était dans ses instincts
avant d'être dans sa doctrine ; pour lui, c'est plus qu'un prin-
cipe, c'est un goût ; c'est plus qu'un système, c'est un besoin. Théoricien de l'activité, il en donna l'exemple avant le
précepte.

Aussi, voyez : neuf années se sont écoulées. Les fatigues
de la guerre ont altéré sa santé déjà faible, les dépenses de
plusieurs campagnes ont en partie dissipé sa modeste fortune.
Vauvenargues ne peut songer à rester soldat. Malgré l'avis de
M. de Biron, son colonel, il se démet de son grade. Quel parti
prendra-t-il ? Ira-t-il s'enfermer dans la retraite afin de consa-
crer désormais à l'étude un esprit libre d'autres soins ? Non :
il veut devenir diplomate. Participer aux grandes affaires, y
déployer, et cette activité dont l'impatience le consumait, et

ces hautes facultés dont il sentait en lui le germe, telle avait toujours été sa plus chère, sa plus constante ambition. Mais comment parvenir à satisfaire un désir si légitime ? Quels sont ses titres ? Un zèle scrupuleux, une conscience extrême à bien faire, une application soutenue à tout ce qu'il entreprend, de solides études sur l'histoire et le droit public. En vérité, c'é- taient là de bien faibles raisons d'espérer. Un mérite réel, mais caché, nulle intrigue, et pas de protecteurs, ajoutez une ma- nière de s'adresser aux puissances trop fière pour être habile : jamais Vauvenargues n'aurait réussi sans l'intervention de Vol- taire. Voltaire était reçu à Versailles, Voltaire était fort bien vu de Mme de Pompadour, et jouissait à cette époque d'une de ces passagères faveurs qu'il était assez fin courtisan pour con- quérir, mais trop libre de langue, trop capricieux, trop dan- gereusement spirituel pour conserver. Tout le crédit dont il disposait fut mis au service de l'amitié récente, mais déjà vive, qu'il avait vouée à Vauvenargues.

Étrange spectacle que cette honorable et mutuelle affection ! Où sont les analogies de génie ou de conduite entre ce prince de la polémique, dont tous les écrits furent des actes, cet in- fatigable promoteur de la révolution des idées, et ce moraliste modeste, dont la pensée désintéressée reste, sinon indifférente, du moins supérieure aux débats qui retentissent autour de lui ? Mais il était dans la destinée de ce souverain du dix-huitième siècle d'exercer son influence sur tous les hommes de son temps ; et tel était le prestige de ce séduisant génie qu'il char- mait et attirait à lui les esprits mêmes qu'il ne réussissait pas toujours à convaincre. Un jour Voltaire reçoit du marquis de Vauvenargues, capitaine au régiment du roi, en garnison à Nancy, une lettre ingénieuse sur Racine et sur Corneille. Frappé du rare mérite qu'annonçait son correspondant in- connu, flatté sans doute d'un hommage trop sincère pour que sa vanité y demeurât insensible, il répondit par quelques con- seils et par beaucoup d'encouragements. Ce fut là l'origine de leur amitié, amitié rare, où, malgré l'inégalité des âges, n'entra jamais ni tyrannie d'une part, ni complaisance servile de l'autre. Jamais Vauvenargues ne sacrifia à Voltaire l'indépendance de ses jugements. Toujours respectueux, il demeura toujours libre. Admirateur constant de son illustre ami, il ne fut pas toujours son disciple.

C'était Voltaire qui rédigeait les manifestes du ministre des affaires étrangères, M. Amelot. M. Amelot, qui s'intéressait à ses manifestes, promit à Voltaire de ne pas oublier son jeune protégé. Il était trop tard. Vauvenargues, retourné dans sa famille, à Aix, y est tombé malade, atteint d'une petite vérole de l'espèce la plus maligne, qui le laissa défiguré, presque aveugle, incapable de suivre aucune carrière active, et le jeta languissant et épuisé sur ce lit de douleur qu'il ne quittera plus. Ainsi furent détruites à jamais ses ambitieuses mais légitimes espérances. Condamné à traîner les restes d'une vie débile dans des souffrances incurables, dans une condition obscure, et avec le douloureux sentiment de ses facultés refoulées, de ses forces devenues inutiles, de son avenir perdu sans retour, il ne lui reste plus dès lors qu'une seule ressource, dernière et souveraine consolation de ceux que la vie a trompés. Mais celle-là ne lui manquera pas. Après tant d'amers mécomptes, il se réfugiera dans le calme et inviolable asile de l'étude, il y trouvera enfin, sinon la paix du cœur, du moins la force de se résigner à ses maux, et par un juste retour de la fortune, la gloire, cette gloire tant désirée, et jusqu'alors vainement cherchée par lui sur d'autres routes. Son talent, fortifié par dix années de préparation silencieuse, est mûr désormais. Son savoir, il est vrai, n'est pas très-étendu ; il ignore le grec et ne sait même que très-imparfaitement le latin ; mais il a vécu dans un commerce familier avec les grands écrivains du dix-septième siècle ; il s'est inspiré de leur génie ; il s'est formé à leur école, et il parle naturellement leur langue forte et simple. Enfin il a souffert, et il sait penser.

C'est ainsi qu'un capitaine au régiment du roi devint philosophe, n'ayant pu devenir diplomate. Après son irréparable disgrâce, nous retrouvons Vauvenargues à Paris, retiré dans un petit hôtel de la rue du Paon, occupé à revoir ses notes éparses, soumettant au contrôle d'un art plus attentif ses réflexions écrites sous la tente d'une main rapide, et disputant à la maladie le peu de jours qui lui restent, pour s'assurer la seule renommée qui ne lui soit pas interdite. Quelquefois la solitude du malade est visitée par Voltaire qui, au retour de Versailles, vient le consoler, l'encourager, et représenter à ses yeux, par ses promesses, par les chaleureuses et prophétiques assurances de son amitié, le tardif mais infaillible jugement de la postérité et de l'histoire.

Tout est fini pour Vauvenargues ; il a dit adieu à toutes les joies de la vie, hormis aux sévères délices du travail. Mais où se tournera cette pensée que rien ne viendra plus distraire, à quelle source ira-t-elle puiser ses inspirations ? Le dix-septième siècle est éteint, et le dix-huitième n'a pas encore donné toute sa mesure. Rousseau n'a pas encore paru, Voltaire est loin d'avoir dit son dernier mot, Condillac n'a pas encore élevé le savant édifice de ses artificielles hypothèses. Diderot débute à peine, et l'Encyclopédie n'est pas née. Qui mieux que Vauvenargues rattachera le dix-septième siècle, qui finit, au dix-huitième qui commence ! Ne participe-t-il pas à la fois de l'un et de l'autre ? Ce rôle convient à son génie conciliant et modéré : il y portera cette mesure qui annonce la force en même temps qu'elle y ajoute cette sincérité qui est le plus grand charme de l'écrivain et qui est aussi son premier devoir. Critique, moraliste ou philosophe, c'est sa conscience seule qu'il consultera.

Ne cherchons sa véritable originalité ni dans l'introduction à la connaissance de l'esprit humain, œuvre déjà remarquable sans doute, dont la conception est vaste, mais dont l'exécution laisse regretter je ne sais quoi d'inachevé, ni dans ces traités sur le libre arbitre, où le trouble et l'indécision de la pensée sont trop visibles. Son titre le plus solide, ce sont ses Maximes. C'est là qu'est sa morale, et c'est sa morale qui fera sa gloire.

Il ne s'avance pas au hasard dans l'étude de l'homme. Il a un système, ce qui est un mérite, et, mérite plus grand encore, ce système est vrai de tous points. D'autres ont pu pénétrer plus profondément dans le mystère de notre cœur, analyser avec une sagacité plus subtile les secrets motifs de nos actions, personne ne s'est formé de l'homme une vue plus exacte, ni plus étendue. Les uns n'aperçoivent que les particularités, et se perdent dans les détails ; les autres ont un système, mais exclusif et faux. Ceux-ci exaltent la nature humaine ; ceux-là en font la satire, croyant en faire la peinture. Vauvenargues ne la flatte, ni ne la dénigre. Il n'a pour elle ni complaisance, ni dédain.

N'attendons pas de lui cette richesse d'expérience, cette abondance de portraits, cette variété d'observations qu'offre La Bruyère. Ce n'est pas le monde qu'il étudie, c'est l'âme humaine. La Bruyère peint les nuances et les contrastes des caractères, plutôt en poëte qui met en scène les effets qui en ressortent, qu'en moraliste qui les explique. Sa vive imagination saisit tous nos travers et tous nos ridicules, et son art en compose des tableaux achevés. La Bruyère s'attache surtout à l'homme social, Vauvenargues à l'homme abstrait, à l'homme éternel. Il est moins peintre que La Bruyère, il est peut-être plus philosophe.

La Rochefoucauld, cet observateur implacable, semble épier chez l'homme avec une froide patience, et avec cette curiosité du mal d'autant plus cruelle qu'elle semble moins passionnée, tous les signes, tous les témoignages de notre perversité naturelle ; il poursuit le vice jusque dans ses replis les plus cachés ; la précision de son analyse triomphe dans cette âpre et inquiète recherche. Vauvenargues sonde nos cœurs pour y découvrir les ressources qu'ils conservent pour la vertu ; il songe moins à nous dévoiler le mystère de nos faiblesses, qu'à nous apprendre le secret de nos forces. Ecoutons cette voix consolante : « Le corps a ses grâces, l'esprit ses talents, le cœur n'aurait-il que des vices, et l'homme, capable de raison, serait-il incapable de vertu ! » — « Le mépris de notre nature est une erreur de notre raison. » — « Ce que la nature a fait aimable n'est pas vicieux. » Cessez donc, ô moralistes chagrins, de vous attaquer à l'homme, comme si vous teniez à lui envier ce qu'il peut avoir de noblesse; laissez-nous nos instincts généreux, nos rares, mais incorruptibles vertus; renoncez à attribuer au calcul les mouvements de la sympathie, les dévouements prodigues, les divines inspirations du sacrifice. C'est en vain que vous vous attachez à déprécier les témoignages de l'héroïsme humain, et que vous les soumettez à l'inutile examen de votre curieuse et impuissante analyse, pour y chercher ce qui n'est pas. Jamais vous n'expliquerez le désintéressement par l'égoïsme, ni l'irrésistible entraînement d'une âme qui se réjouit de s'oublier, par les lentes déductions de l'intérêt bien entendu. L'inaltérable vérité résiste à vos tentatives; la nature humaine proteste tous les jours, par mille exemples, contre vos arbitraires théories. Il suffit d'un seul trait de pitié, d'une larme donnée à l'infortune, d'un élan de l'âme vers le bien, pour démentir vos plus ingénieuses hypothèses, et pour mettre à néant tous vos systèmes.

Contraste admirable! Ce grand seigneur à qui le monde n'a jamais cessé de sourire, que les vicissitudes des événements ont toujours épargné, et qui, s'il a souffert, n'a dû ses peines, juste et fatale rançon de son égoïsme, qu'à la sécheresse de son âme, ne trouve pour cette société, si indulgente envers lui, que des paroles d'amer dédain, et presque d'ingratitude. L'infortuné Vauvenargues est bienveillant comme un homme heureux! Il pardonne au malheur. Sa résignation toujours égale et son inaltérable sérénité d'esprit résistent à ces atteintes de l'adversité qui troublent et confondent les intelligences qu'elles ne mûrissent pas. Du sein de son infortune imméritée, il conçoit l'ordre universel, il trouve au fond de son âme une faculté de détachement assez forte pour s'arracher au sentiment de ses propres misères, et pour s'oublier lui-même en contemplant le spectacle des choses humaines. De ce cœur si cruellement éprouvé, pas un cri de révolte ou de désespoir ne s'échappe; à peine quelque plainte mélancolique, d'autant plus touchante, qu'elle est plus discrètement exprimée.

La Rochefoucauld semble se complaire dans la recherche lente et laborieuse de la perfection du style. Je me le représente, aiguisant à loisir la pointe de ses pensées toujours acérées. Pas un de ses effets, si frappants, si mordants, qui ne soit calculé avec un art infini. L'éclat froid et poli de cette touche fine, nette, vigoureuse, toujours sobre, est le produit heureux, mais savant, du plus patient, du plus curieux travail. Vauvenargues, au contraire, se préoccupe moins de l'expression de ses idées que des idées mêmes; il ne cherche pas à les relever par les agréments d'un ton piquant ou singulier; la limpidité de son style reflète comme un miroir fidèle la sincérité de sa pensée; les apprêts d'un art ingénieux, et les artifices de l'éloquence sont du superflu pour sa bonne foi, et il réalise, en quelque sorte, le vœu de Pascal, qui ne souhaitait rien tant que de trouver l'homme sous l'auteur, et l'âme de l'écrivain dans ses écrits. Combien cette sincérité naïve diffère de la spirituelle sincérité de Montaigne ! Sans respect pour le préjugé, sans passion pour la raison, Montaigne semble jouer avec la vérité, comme si au fond il lui importait assez peu de la connaître; sa tranquille curiosité se satisfait en s'exprimant; et ce qui frappe surtout, à travers les détours de sa pensée vagabonde, et dans les caprices de sa verve nonchalante, c'est la franchise de son insouciant scepticisme. La bonne foi de Vauvenargues est toujours candide.

La Bruyère sourit de nos faiblesses. La Rochefoucauld se complaît dans la poursuite de nos vices. Le mélancolique Pas-

cal gémit avec une poignante éloquence sur l'incurable infir-
mité du cœur et de la nature. Les grandes pensées viennent du
cœur, c'est le cri de Vauvenargues.

Voilà le dix-septième siècle et voilà le dix-huitième. Le dix-
septième siècle est frappé surtout de l'imperfection du cœur de
l'homme. Ses orateurs sacrés, ses moralistes, ses philosophes
se montrent unanimes à accuser et à déplorer notre misère. Un
seul rapprochement expliquera tout : Le mondain La Rochefoucauld et le mystique Pascal sont d'accord pour nous con-
damner également. Il est vrai que La Rochefoucauld reste insensible à nos maux, comme s'il ne les partageait pas, tandis
que la grande âme de Pascal en est accablée. La Rochefoucauld triomphe de nos vices ; Pascal en conçoit une inconso-
lable tristesse. Il aime les hommes, et La Rochefoucauld les
méprise. Enfin l'un, après nous avoir convaincu à nos propres
yeux de notre faiblesse, nous y confine à jamais, se souciant
peu de nous en tirer ; l'autre nous relève par la grâce, après
nous avoir abattus sous le péché. Qu'importent toutefois ces
différences ! Le point de vue est le même, après tout, et la nature humaine, toujours sacrifiée, n'a pas moins à souffrir des
sombres et éloquentes malédictions du janséniste, que de l'i-
nexorable ironie du courtisan. Mais tout passe, tout change,
et les institutions, et les doctrines, et les croyances, et les
idées. D'autres temps vont apparaître, un autre esprit va se
former. Un immense désir de bonheur saisit toutes les âmes,
et ramène vers la terre cette ambition dirigée naguère vers le
ciel. Au dix-septième siècle, qui se défiait de la nature humaine, succède le dix-huitième, qui l'exalte.

Les grandes pensées viennent du cœur, ce cri éloquent, ce
noble aveu d'une belle âme est en même temps le symbole de
toute une philosophie nouvelle. Vauvenargues le savait bien,
puisqu'il en prévoyait d'avance tous les excès : « Ce qu'on voit
tous les jours dans le monde, est arrivé dans la morale.
L'homme étant tombé dans la disgrâce des philosophes, ça a

été à qui le chargerait de plus de vices. S'il arrive jamais qu'il
se relève de cette dégradation, et qu'on le remette à la mode,
nous lui rendrons à l'envi toutes ses vertus, et bien au delà. »
Oui, bien au delà. On lui contestait tous ses mérites, on divinisera
tous ses vices ; on ne parlera plus que de l'excellence de la nature
humaine, les sévérités dont elle était l'objet depuis dix-huit siècles
vont être bien réparées par les mille flatteries qu'elle va recevoir,
et elle passera, en quelque sorte, du discrédit à l'apothéose.
N'en doutons pas, Vauvenargues eût été le premier à désavouer
ces emportements de la pensée toute-puissante et ivre d'elle-
même, ces saturnales de l'orgueil humain. Il ose voir le bien,
mais il ne ferme pas non plus les yeux au mal ; il estime les
hommes, mais sans complaisance ; il est optimiste, et il a peu
d'illusions : « En approfondissant les hommes, on rencontre
des vérités humiliantes, mais incontestables. » — « Les hommes
ont la volonté de rendre service, jusqu'à ce qu'ils en aient le
pouvoir. » — « L'ingratitude la plus odieuse, mais la plus
commune et la plus ancienne, est celle des enfants envers
leurs pères. » Est-ce Vauvenargues, est-ce La Rochefoucauld
qui parle ainsi ? C'est là tout le secret de la vraie sagesse. Elle
ne s'abuse pas sur ces *vérités humiliantes* qui frappent l'observateur le moins prévenu ; elle sait que le mal existe ; mais pour
être éclairée, sa foi n'en est pas moins ferme, et la connaissance qu'elle a de nos vices, ne l'entraine jamais à désespérer
de nos vertus.

Le respect de la nature humaine, c'est là le fond de la morale de Vauvenargues. Il ne flétrit, il ne supprime aucune des
forces dont la Providence nous a doués, et qui, si trop souvent
elles tournent à mal, peuvent aussi servir, quand une volonté
éclairée les dirige et les modère, à nous soutenir dans la voie
du bien. Il sait reconnaitre la prévoyance admirable avec laquelle la nature a approprié nos instincts à notre fin, à nos facultés et à nos besoins ; il appelle à l'aide tous ces auxiliaires
du devoir qu'elle a mis en nous : « L'esprit est l'œil de l'âme,

non sa force ; sa force est dans le cœur, c'est-à-dire dans les passions. » — « La raison et le sentiment se conseillent et se suppléent tour à tour. Quiconque ne consulte qu'un des deux et renonce à l'autre, se prive inconsidérément d'une partie des secours qui nous ont été accordés pour nous conduire. » Il ne condamne pas l'usage à cause de l'excès, et l'abus que les hommes font des forces dont ils disposent, ne peut le décider à leur en interdire l'emploi. S'agit-il de subordonner les passions mauvaises et funestes aux passions généreuses, ne craignez pas qu'il y manque. « Si vous avez quelque passion qui élève vos sentiments, qui vous rende plus généreux, plus compatissant, plus humain, qu'elle vous soit chère. »

La passion, c'est l'activité. N'est-elle pas l'aiguillon qui nous excite à agir, le stimulant de notre volonté paresseuse ? L'activité, c'est la vertu même ; et ce que Vauvenargues ne pouvait oublier, parce que personne, au dix-huitième siècle, ne néglige cet important objet, l'activité, c'est aussi le bonheur. Action, vertu, ces deux mots sont pour lui synonymes. Il entend la vertu au sens antique : *virtus*, c'est-à-dire force, énergie : « ceux qui considèrent sans beaucoup de réflexion les agitations et les misères de la vie humaine, en accusent notre activité trop empressée, et ne cessent de rappeler les hommes au repos, et à jouir d'eux-mêmes. Ils ignorent que la jouissance est le fruit et la récompense du travail ; qu'elle est elle-même une action, que l'on ne saurait jouir qu'autant que l'on agit, et que notre âme enfin ne se possède véritablement que lorsqu'elle s'exerce tout entière. » On parle quelquefois du stoïcisme de Vauvenargues. Sans doute, il a fait preuve d'une âme stoïque : il a supporté stoïquement les malheurs de sa destinée ; mais sa morale n'est pas celle du stoïcisme. Le stoïcien se réfugie dans son indifférence résignée comme dans un asile inaccessible, où les misères et les agitations qui tourmentent les âmes inférieures, ne peuvent pénétrer : il domine la vie sans s'y mêler, et pour ne pas faillir, il reste immobile.

Le stoïcisme, c'est le dédain de l'action : *Sustine et abstine*. La devise de Vauvenargues, c'est la lutte. Tel est le sens profond de sa forte doctrine : pour La Rochefoucauld, la vie était une intrigue ; pour Pascal, une expiation ; pour Vauvenargues, elle est une épreuve.

L'activité, tout Vauvenargues est là. Sa morale, ses penchants, ses goûts mêmes, tout s'explique ainsi. L'apologiste de l'activité doit admirer bien vivement les grands hommes d'action ; il doit leur savoir gré d'avoir agi. Quel enthousiasme pour Alexandre ! « Je veux révérer un héros qui, parvenu au faîte des grandeurs humaines, ne dédaignait pas l'amitié ; qui, dans cette haute fortune, respectait encore le mérite ; qui aima mieux s'exposer à mourir que de soupçonner son médecin de quelque crime, et d'affliger par une défiance qu'on n'aurait point blâmée, la fidélité d'un sujet qu'il estimait ; le mérite le plus libéral qu'il y eût jamais, jusqu'à ne réserver pour lui que l'espérance ; plus prompt à réparer ses injustices qu'à les commettre, et plus pénétré de ses fautes que de ses triomphes ; né pour conquérir l'univers, parce qu'il était digne de lui commander.... » Et cette admiration, toute vive qu'elle est, n'est jamais aveugle ! convaincu que la gloire ne se trompe pas, ce qu'il respecte dans les grands hommes vicieux, ce n'est pas leur vice, c'est leur grandeur : « L'Italie en cendres ne doit pas honorer Sylla ; mais ce qui doit, je crois, le faire estimer, avec justice, c'est ce génie supérieur et puissant qui vainquit le génie de Rome, qui lui fit défier dans sa vieillesse les ressentiments de ce même peuple qu'il avait soumis, et qui sut toujours subjuguer, par les bienfaits ou par la force, le courage, ailleurs indomptable, de ses ennemis ! Rappellerai-je son remarquable jugement sur Cromwell ? Il devine d'instinct ce que les grands historiens futurs mettront en lumière avec tant d'éclat : « Si Cromwell n'eût été prudent, ferme, laborieux, libéral, autant qu'il était ambitieux et remuant, ni gloire, ni fortune, n'auraient couronné ses projets ; car ce n'est pas à ses défauts que les hommes se sont rendus, mais à la supériorité de son génie, et à la force inévitable de ses précautions. Dénué de ces avantages, ses crimes n'auraient pas seulement enseveli sa gloire, mais sa grandeur même. »

Comparez cette intelligence historique avec le dédain de Mallebranche pour l'histoire ! Il y a dans cette opposition tout un enseignement. La vie est-elle un mal ou un bien ! Doit-on y voir un lieu de pénitence, un rude purgatoire, ou au contraire un digne théâtre ouvert à l'activité glorieuse du genre humain ! Toute la querelle du dix-septième siècle et du dix-huitième est dans un contraste. — L'action et l'éloquence, voilà en deux mots toutes les prédilections de Vauvenargues. Et quelle éloquence encore ? L'éloquence qui est une action, l'éloquence des affaires, l'éloquence des Démosthènes, et non celle des Isocrate.

Mais quoi ! La vertu, l'activité ne nous abuseraient-elles pas ? La vie est si courte, à quoi bon la remplir par des travaux que la mort va surprendre ? A quoi bon agir, puisque tout est vanité ? Ces objets à la poursuite desquels nous nous acharnons avec tant d'ardeur, méritent-ils qu'on les recherche ? Soupçons inévitables, scrupules naturels, auxquels l'esprit humain n'échappe pas, auxquels l'esprit de Vauvenargues n'a pu se soustraire ! Personne plus que lui, j'en atteste plus d'un passage, où la tentation qu'il subit n'est qu'imparfaitement déguisée, n'a eu à combattre ces doutes d'une raison trop exercée pour être toujours invariable, ces objections du scepticisme, sous lesquelles succombent tant d'intelligences, et que l'expérience amère de ses propres déceptions rendait plus fortes. Le soin même qu'il met à les détruire prouve que, si elles n'ont pu ébranler la fermeté de ses convictions, elles ont du moins troublé par instants sa conscience. Mais sa foi dans la sainteté de l'activité et du devoir triomphe de ces défaillances passagères. Il se rassure en songeant que l'on ne peut être dupe de la vertu, que c'est l'oisiveté qui est trompeuse. Qu'est-ce en effet que tous ces raisonnements sur la vanité des efforts humains, sinon les sophismes d'une fausse sagesse, qui se croit clairvoyante, parce qu'elle est désabusée, même du vrai? Qu'est-ce que ce découragement systématique, piége de plus d'un esprit élevé, sinon l'orgueilleux déguisement de l'impuissance, la forme savante du désespoir?

Agir, c'est risquer de faire des fautes. Un moraliste qui prêche l'action ne peut pas être rigide. « Aidons-nous des mauvais motifs, s'écrie Vauvenargues, pour nous fortifier dans les bons desseins.» La morale austère ne lui paraît propre qu'à enlever à l'homme tout ressort pour la vertu, à force de la prémunir contre le vice. Méditons encore ces belles et profondes paroles : « Il faut permettre aux hommes de faire de grandes fautes contre eux-mêmes, afin d'éviter un plus grand mal, la servitude.» La servitude, c'est là en effet le dernier mot, et ce dernier mot est la condamnation de tous les systèmes qui, à une activité faillible sans doute, mais méritoire, parce qu'elle est libre, préfèrent l'impeccabilité dans l'inaction, c'est-à-dire une sainteté stérile, parce qu'elle est sans vie, et une vertu sans mérite, parce qu'elle est fatale. Qu'est-ce au contraire que l'action, selon Vauvenargues? C'est l'exercice de la liberté : c'est la liberté même, avec ses périls, mais aussi avec ses fécondes conséquences, la haute dignité qu'elle inspire à l'homme, la responsabilité qu'elle imprime à nos actes.

Quelle que soit sa tolérance pour la faible humanité, jamais il ne l'abandonne à elle-même. Nul ne lui tend une main plus secourable, nul n'a mieux connu l'art de l'affermir et de la consoler. Il nous rappelle sans cesse au sentiment de nos forces et de nos ressources : « Il faut exciter dans les hommes le sentiment de leur prudence et de leur force, si on veut élever leur génie.» — « Il ne faut pas que les hommes s'enivrent de leurs avantages, mais il ne faut pas qu'ils les ignorent....» — «Que le sentiment de vos faiblesses, écrit-il dans ses conseils à un jeune homme, ne vous tienne jamais abattu. » Indulgente comme l'expérience, sa philosophie est fortifiante comme le devoir.

Mais la pratique de la vertu n'est pas aisée. Il nous faut des mobiles qui nous excitent, qui nous y encouragent. Il n'en est pas de plus relevé que l'amour de la gloire. La gloire, combien d'accusations n'a-t-elle pas subies, combien de voix diverses se sont élevées pour triompher à l'envi de son néant ! Les arrêts d'une chagrine expérience, les déclamations des rhéteurs, et jusqu'à la censure d'une autorité plus auguste, tout s'est réuni pour l'accabler ; on nous en détourne de toutes parts. Vauvenargues s'attache à faire ressortir, et la solidité de cet objet proclamé si vain, et les mérites de ce mobile tant de fois décrié. Sans doute il mettra la vertu avant tout, il saura, s'il le faut, lui sacrifier même la gloire. Mais au fond il ne sépare pas l'une de l'autre. La gloire, n'est-ce pas la vertu couronnée ? On sent que cette religion des grandes âmes est chère au cœur de Vauvenargues. Elle l'a soutenu dans ses afflictions, elle l'a aidé à supporter ses disgrâces avec patience, elle a été sa force et son appui. Admirable harmonie entre les sentiments et la doctrine ! Et qu'est-ce en effet que la doctrine de Vauvenargues sinon la consécration raisonnée des instincts sublimes de son esprit ? Sa morale, à vrai dire, est moins une théorie qu'un aveu. Si l'on voulait résumer, en peu de paroles, à la fois sa vie et son système, deux mots, deux mots bien simples suffiraient : le devoir et l'espérance.

Gloire, vertu, biens inestimables sans doute ! Mais suffisent-ils ? La satisfaction d'une conscience pure, l'estime des hommes, est-ce là tout ? N'y a-t-il rien de plus, et par de là ces biens solides, mais restreints, l'âme toujours avide et toujours altérée n'aspire-t-elle pas encore à un lien suprême et parfait, dont la possession satisfasse enfin l'inquiétude éternelle de ses désirs sans cesse trompés ? Ce vide que les félicités humaines laissent en nous, n'est-ce pas l'infini seul qui pourra le remplir ! Que si, triste victime d'une ingrate destinée, le malheur a fait de vous son jouet et sa proie, et vous promenant de déceptions en déceptions à travers les longues épreuves d'une existence sacrifiée, vous a enfin conduit à ce terme fatal où expire la force d'espérer; dites-le, ne serez-vous pas plus porté mille fois à suivre l'instinct divin qui vous sollicite? Lassé des scènes changeantes de la vie, de ses joies fugitives et de ses misères trop durables, fatigué d'avoir en vain usé votre vigueur et consumé votre génie dans ce combat, chaque jour renouvelé, d'une âme forte contre une nécessité plus forte qu'elle, n'éprouverez-vous pas le besoin de chercher au-dessus de vous des consolations qui ne trompent pas, et, blessé par les hommes, de vous réfugier en Dieu?

Vauvenargues ne pouvait échapper à la loi commune. A mesure qu'il avança dans la vie, et qu'il en subit les maux inévitables, il dut ressentir avec plus de force le besoin de s'appuyer sur un soutien plus ferme et plus assuré que ceux que ce monde ne peut offrir. La douleur, en le mûrissant, le fit réfléchir sur les fins de l'homme, sur le sens de notre mystérieuse destinée. Son âme vraiment philosophique, et naturellement accessible à ces hautes inquiétudes que la foule ignorante et légère ne connaît pas, était portée par son propre instinct à s'enquérir de ces redoutables questions que l'homme agite depuis des siècles, et qu'il ne cessera pas d'agiter, tant qu'il lui restera un cœur pour aspirer à l'infini, et une raison pour le concevoir. Demain il va mourir; il le sait, il s'y attend; mais il tient à n'avoir pas vécu sans conscience et comme au hasard, sans avoir sinon résolu, du moins soulevé les problèmes qui l'intéressent à titre de créature libre et raisonnable. Écoutons-le pleurer le jeune et cher compagnon d'armes que les frimats de la Bohême lui ont enlevé, l'aimable Hippolyte de Seytres. Cette mort l'épouvante; il est déjà sensible aux mystères qu'elle lui rappelle. L'affliction où elle le plonge est redoublée par les anxiétés qu'elle lui inspire. Devant cette tombe où repose une froide dépouille, la vision muette de l'éternité lui est apparue.

Quelle est, au fond, la nature des sentiments religieux de Vauvenargues? En dehors de la religion naturelle, est-il incrédule, sceptique ou croyant? Passons sous silence la méditation sur la foi, la prière à la Trinité; l'imitation littéraire des grands écrivains du dix-septième siècle, et notamment de Pascal, y est visible; et Voltaire, que ces velléités d'orthodoxie inquiètent comme un funeste symptôme et irritent comme une révolte n'a pas manqué d'en conclure que ce sont là de simples exercices de style, où la conviction n'a point de part. Cherchons ailleurs de plus sincères témoignages des dispositions de Vauvenargues, essayons de les saisir, en quelque sorte, sur le fait, d'assister au travail même de son esprit, à la formation de sa pensée. Voici quelques réflexions qui passeront difficilement pour des pensées d'apparat, pour des exercices oratoires : « Newton, Pascal, Bossuet, Racine, Fénelon, c'est-à-dire les hommes de la terre les plus éclairés, dans le plus philosophe de tous les siècles, et dans la force de leur esprit et de leur âge, ont cru Jésus-Christ, et le grand Condé en mourant répétait ces nobles paroles : « Oui nous verrons Dieu comme il est, *siculi est, facie ad faciam.* » — « L'intrépidité d'un homme « incrédule, mais mourant, ne peut le garantir de quelque « trouble, s'il raisonne ainsi : je me suis trompé mille fois sur « mes plus palpables intérêts, et j'ai pu me tromper encore « sur la religion. Or je n'ai plus le temps ni la force de l'ap- « profondir, et je meurs. » — « La foi est la consolation des « misérables, et la terreur des heureux. » Ici ce n'est plus Pascal, ce n'est plus Bossuet qui parle, c'est bien Vauvenargues. Prenons-y garde, cependant; ce ne sont pas là les arguments d'un croyant intrépide et déterminé, cherchant à convaincre des incrédules; c'est l'effort d'un pauvre philosophe qui voudrait croire, et qui, partagé entre les souhaits de son cœur et les secrets scrupules de son esprit, et s'attachant à la religion de tout le désir qu'il a de la trouver vraie, semble implorer de sa raison la permission de s'abandonner à ces croyances, pour lui si consolantes, vers lesquelles l'attire le plus impérieux des besoins. Tels sont dans leur vraie mesure les sentiments de Vauvenargues à l'égard du christianisme. Ce n'est pas la soumission absolue; c'est moins encore la révolte haineuse, c'est la vénération et l'amour. Sans être un adepte affermi, il est mieux encore qu'un libre penseur respectueux.

Ainsi commencent à se dessiner nettement à nos yeux et le caractère propre de Vauvenargues, et la nature de son rôle, dans l'histoire de l'esprit humain. Fénelon, Pascal, et aussi Voltaire, ce sont-là ses maîtres, les véritables instituteurs de son esprit. Mais en s'inspirant de ces grands hommes, il ne leur asservit pas son génie. Voltaire lui a livré tous les secrets de son goût délicat, mais il échappe à Voltaire par le sérieux et l'élévation de sa pensée. Il s'est nourri de la douce éloquence de Fénelon; mais il ne s'est pas laissé séduire par ses chimères. Il a souffert, comme Pascal, à la double pensée d'un présent plein d'amertume et d'un avenir plein d'effroi. Mais il attache un haut prix à notre existence terrestre, et il n'en méprise ni les joies, ni les ambitions. Fils du dix-septième siècle, il s'en sépare comme moraliste. Les opinions naissantes du dix-huitième siècle sont également loin de le captiver. Le dix-huitième siècle n'admettra d'autre philosophie que celle des sens; et Vauvenargues reste fidèle, sinon par la précision de la doctrine, du moins par ses aspirations, aux grandes idées du spiritualisme. Le dix-huitième siècle se montrera prévenu jusqu'à l'exclusion en faveur des vérités physiques; et Vauvenargues revendique la certitude des vérités de l'ordre moral. Le dix-huitième siècle professera une foi entière dans l'efficacité de toutes les réformes; et Vauvenargues écrit que « les abus inévitables sont les lois de la nature. » Le dix-huitième siècle aura pour suprême préjugé de n'en point avoir; et Vauvenargues ne craint pas d'avancer qu'il n'est point de superstition qui ne porte avec elle son excuse. Le dix-huitième siècle, ébloui de ses propres lumières, méprisera souverainement le passé; et Vauvenargues, toujours indulgent, pardonne aux générations qui l'ont précédé les erreurs qu'elles ont commises, parce qu'il respecte en elles la nature humaine. Nous abusons-nous? N'y a-t-il pas entre le rôle pris par Vauvenargues et celui que Rousseau jouera plus tard, une certaine conformité? Assurément de profondes différences les séparent; mais leur point de départ en morale n'est-il pas le même? N'ont-ils pas soutenu tous deux la cause de la bonté native du cœur de l'homme? Ne protestent-ils pas tous deux, celui-là contre l'esprit déjà déclaré du siècle, celui-ci contre ses tendances, l'un par de violentes attaques, et avec le dessein systématique de lui enseigner ce qu'il croit être la vérité, l'autre par une sorte d'indépendance tranquille, moins jalouse de corriger les autres que de se protéger elle-même? Enfin leur place à tous deux n'est-elle pas marquée entre l'ascétisme de la philosophie du dix-septième siècle et l'épicuréisme du dix-huitième?

L'objet de la morale, c'est l'homme. Mais l'homme n'est-il pas aussi l'objet de la littérature? Ce que Vauvenargues poursuit avant tout dans les lettres, c'est l'expression vivante de l'humanité. Ce que cherche sa critique, vraiment spiritualiste, et par là supérieure à l'analyse utile, sans doute, mais plus circonscrite, de Marmontel et de Laharpe, c'est l'âme humaine étudiée dans les chefs-d'œuvre. Pour lui, le beau ne se sépare pas du vrai; il s'attache moins à ses formes changeantes qu'à son essence immuable, sans érudition, sans grande lecture, il se place ainsi à un très-haut rang parmi les arbitres des choses de l'esprit. Il supplée à ce qui peut lui manquer du côté de la science, par l'intelligence innée des conditions de la vraie beauté, par l'élévation naturelle d'une âme à la hauteur de ce que le génie humain peut enfanter de plus admirable, par ce sens des grandes choses, nécessaire à qui veut juger de ce qui est grand, et que toute la subtilité du goût le plus exercé ne remplacera jamais. Sans doute ses appréciations ne sont

pas toujours irréprochables ; du moins sont-elles toujours sincères. Parfois exclusives, elles ne sont jamais empruntées.
Son goût est plus délicat que fort, et son jugement plus fin
qu'étendu ; mais c'est qu'il n'admire que ce qu'il sent, et ne
comprend que ce qui le touche. Corneille le laisse insensible ;
Molière, ainsi qu'à Fénelon, lui semble incorrect ; les har-
diesses de ces libres génies déconcertent son goût timide,
blessent son penchant pour la noblesse simple et soutenue.
Mais personne n'a mieux parlé que Racine, personne n'a mieux
pénétré tous les secrets de cet art exquis, mieux goûté cette
science profonde du cœur et des passions, fait ressortir plus
éloquemment l'inimitable convenance des sentiments et du langage, deviné d'un coup d'œil plus sûr cette force secrète dis-
simulée sous l'élégance qui la voile et l'embellit sans l'affaiblir.
La sublimité de Bossuet le confond et le transporte, l'ascen-
dant de Pascal le subjugue ; pour exprimer la savante perfection de La Bruyère, il lui suffit de quelques traits. Il écrira
sur La Fontaine cette phrase qui ne peint pas tout son génie,
mais qui en retrace au moins l'un des principaux caractères : la
simplicité de La Fontaine, dit-il, donne de la grâce à son bon
sens, et son bon sens rend sa simplicité piquante. Le jugement qu'il porte sur Boileau est un modèle de mesure et de sagacité. Il lui reconnaît plus de vérité que d'élévation, plus de
force que d'étendue ou de profondeur d'esprit, plus de solidité et de sel que de finesse, plus d'agrément que de grâce.
N'est-ce pas là tout Boileau ? La réputation de Jean-Baptiste
Rousseau ne l'éblouit pas. Il lui reproche ses pensées fausses,
ses images forcées, ses déclamations surtout contre les con-
quérants et la gloire. Pardonnons-lui d'avoir trop admiré la
Henriade et les tragédies de Voltaire ; c'est l'illusion de l'amitié, c'était aussi celle du temps. Mais admirons comme il pé-
nètre dans le génie de Fénelon ! C'est que Fénelon est l'auteur
favori de Vauvenargues, et qu'il devait l'être. On le sent à son
tendre enthousiasme, on l'eût deviné sans son aveu. Ce gé-

nie aimable et pur, ces grâces familières, cette éloquence fa-
cile et insinuante, le pénètrent et le ravissent. Pour tout dire,
son goût procède du sentiment. Il en a la vivacité et les défaillances.

Comme écrivain, Vauvenargues se rattache à la grande tra-
dition de la prose française. Il n'a pas l'abondance ni l'ampleur
des maîtres, et le souffle lui manque quelquefois ; ses portraits
sont loin d'égaler ceux de La Bruyère pour le relief et le co-
loris. Il explique plus qu'il ne peint. Mais la propriété, la
netteté et la délicatesse de l'expression, un tour rapide, natu-
rel, aisé, un style sain et toujours irréprochable, sauf quelques
incorrections et quelques négligences de détail, une éloquence
qui mêle le charme à la précision, sont des mérites assez rares.
Il faut lire Vauvenargues de près pour l'apprécier. Sa conci-
sion expressive et sans trace d'efforts, sa finesse, sa grâce, son
énergie discrète n'ont rien de frappant : Ce talent modeste
semble se dérober à l'admiration, et par là il la rend plus vive.
Sa raison, toujours judicieuse, sait quelquefois être piquante.
Citera-t-on beaucoup de pensées plus heureuses dans leur
brièveté : « Pour avoir l'esprit toujours juste, il ne suffit pas
de l'avoir droit, il faut encore l'avoir étendu. » — « La
grande vanité de ceux qui n'imaginent pas, est de se croire
seuls judicieux. » — « La clarté est la bonne foi des philosophes. « Parfois quelques traits d'une imagination jeune et sobre viennent éclairer ce style où l'imagination ne domine pas.
Quel éclat tempéré, quelle fraîcheur dans ces aimables et
poétiques images ! «Les feux de l'aurore ne sont pas si doux
que les premiers regards de la gloire. » — «Les premiers
jours du printemps ont moins de grâce que la vertu naissante
d'un jeune homme. » — «Les conseils des vieillards sont
comme le soleil d'hiver: ils éclairent sans échauffer. » Peu
d'écrivains sont aussi attachants que Vauvenargues dans un
genre un peu froid. Il a su mettre de l'émotion dans la morale ! Cette mesure qui a toujours été dans son caractère, et

dont sa pensée ne s'est jamais départie, elle est aussi dans son langage. Elle en fait le charme et l'ornement. On éprouve je ne sais quel plaisir délicat à s'abandonner à la confiance qu'inspire cette éloquence ingénue, parée des seuls attraits de la raison, et sur laquelle la jeunesse a laissé la grâce. Une femme d'un grand esprit et d'un grand cœur, Mme de Staël, définissait ainsi le rôle du génie : le génie ne doit servir qu'à manifester la bonté suprême de l'âme. Le génie de Vauvenargues, c'est son âme même.

A mesure que le travail perpétuel de cette âme sur elle-même s'accomplit et se consomme, on sent qu'elle acquiert plus de vigueur et de détachement. Nous pouvons suivre ce progrès dans ces témoignages indirects que Vauvenargues nous a laissés de lui-même, dans ces pensées éparses qui expriment l'état de son cœur mieux peut-être que de longs mémoires, dans ces réflexions cruellement significatives qui ont l'air d'être générales, et qui ne sont, hélas ! que trop personnelles. Quel aveu que ce mélancolique portrait de Clazomène ! « Clazomène a fait l'expérience de toutes les misères de l'humanité. Il s'est vu dans ses disgrâces méconnu de ceux qu'il aimait.... Sa sagesse n'a pu le garantir de faire des fautes irréparables.... » N'en doutons pas, c'est à lui-même que Vauvenargues pensait en traçant d'une main émue ces traits douloureux d'une infortune imaginaire ; pour nous servir de l'heureuse expression d'un éloquent écrivain moderne, c'est sur sa blessure qu'il avait la main. Cette réflexion à la fois fière et modeste, n'achève-t-elle pas son portrait ? « On doit se consoler de n'avoir pas les grands talents, comme on se console de n'avoir pas les grandes places. On peut être au-dessus de l'un et de l'autre par le cœur. » Dans cette pensée, « qu'importe à un ambitieux qui a manqué sa fortune sans retour, de mourir plus pauvre, » je reconnais le secret renoncement d'un infortuné qui n'a plus rien à attendre des choses humaines. Mais il ne se résigne pas toujours si aisément : « Qui peut soutenir, s'écrie-t-il, son esprit et son cœur au-dessus de sa condition? qui peut se sauver des misères qui suivent la médiocrité? » Et il indique quelques-unes de ces misères : «Dans les conditions éminentes, la fortune au moins nous dispense de fléchir devant ses idoles. Elle nous dispense de nous déguiser, de quitter notre caractère, de nous absorber dans les riens..... » Il portait en lui le besoin d'une haute destinée ; il visait au grand, sentiment qu'éprouvent seuls ceux qui sont dignes d'y atteindre. L'Occasion et la Fortune l'ont trahi.

La mort ne le surprit pas. Elle le trouva résigné, sans impatience d'être délivré de ses maux, comme sans regret d'abandonner ce monde où il avait trouvé tant de misères. La fermeté douce et simple qu'il déploya dans ses dernières souffrances est admirable. «Je l'ai toujours vu, dit Voltaire, le plus infortuné des hommes et le plus tranquille. » Marmontel, qui fut son ami, sait trouver de touchantes paroles pour nous retracer son souvenir : «Doux, sensible, compatissant, il tenait nos âmes dans ses mains. Une sérénité inaltérable dérobait ses douleurs aux yeux de l'amitié. Pour soutenir l'adversité, on n'avait besoin que de son exemple; et témoin de l'égalité de son âme, on n'osait être malheureux avec lui. » Cette gloire qu'il avait tant aimée ne devait pas tarder à venir visiter sa tombe. C'est Voltaire qui, dans cet éloge funèbre des officiers morts pendant la guerre de 1741, où l'amitié la plus sincère emprunte l'accent de l'éloquence la plus vraie, en appela les premiers regards sur ce front modeste et recueilli : « Tu n'es plus, ô douce espérance du reste de mes jours !.... Comment avais-tu pris un essor si haut dans le siècle des petitesses, et comment la simplicité d'un enfant timide couvrait-elle cette profondeur et cette force de génie?.... »

Ainsi mourut à trente-deux ans ce sage à l'âme grave et charmante, grand par le sentiment, plus encore que par l'esprit, qui sut souffrir, agir et penser, qui aima la vie et la gloire, et ne jouit ni de l'une, ni de l'autre, plus remarquable encore par ses inspirations que par ses œuvres, et supérieur à ses propres livres. Il est des renommées plus éclatantes, il n'en est pas de plus pures. Amant désintéressé de la vérité, il a consumé ses jours dans sa recherche. Philosophe religieux, il a compris tout ce dont il était tenté de murmurer, il a vu le but à travers l'épreuve ; moraliste, il a su garder un équilibre difficile entre l'austérité et la mollesse ; homme enfin, il a témoigné des vertus les plus délicates et les plus hautes. Le charme des pages trop rares qu'il nous a laissées ne s'effacera pas. Ce livre d'un obscur moraliste est un de ceux qui aident à vivre ! Jamais les hommes ne resteront insensibles au noble spectacle d'une âme droite et courageuse aux prises avec une dure nécessité, trop forte pour que le malheur la consterne, trop haute pour qu'il l'abatte, trop calme pour qu'il puisse l'aigrir. Cette vie courte et triste que les armes, l'amitié, la réflexion, les maladies et la douleur remplirent seules, ces efforts d'un mourant contre l'oubli, cette lutte d'une volonté inflexible contre la nature défaillante, cette mort prématurée qui vient tout interrompre et arracher à lui-même un génie plein de promesses, tout nous attache à Vauvenargues. Un indicible attrait nous attire vers ces destinées mélancoliques, et le charme sévère de la souffrance nous les rend plus chères.

Th. CERFBEER.

TIRÉ DE LA BIBLIOTHÈQUE UNIVERSELLE DE GENÈVE.

Octobre 1856.

BIBLIOTHEQUE NATIONALE DE FRANCE

3 7502 009734809

www.ingramcontent.com/pod-product-compliance
Lightning Source LLC
Chambersburg PA
CBHW051404050726
47595CB00006B/2698